le Shuttle

THE OF[...]

CHANNEL [...]NNEL

FACTFILE

MW01104984

sapling

Publié pour la première fois en 1994, en Grande-Bretagne, par Boxtree
Limited
Broadwall House, 21 Broadwall, Londres SE1 9PL

Tous droits d'auteur réservés © Philip Clark

Philip Clark s'est reconnu le rédacteur de ce travail selon le Copyright, Designs
and Patents Act 1988.

Le Shuttle est une marque déposée d'Eurotunnel.

ISBN 0 7522 0219 7

La vente de ce livre est assujettie à la condition qu'il ne peut, à des fins
commerciales ou autres, être prêté, revendu, loué ou diffusé d'une
quelconque manière, sans l'accord préalable de l'éditeur, sous quelque forme
que ce soit (reliure ou couverture) si ce n'est celle dans laquelle il a été publié
et sans qu'une condition analogue y soit attachée selon laquelle la présente
condition serait imposée à un acheteur ultérieur. Cette disposition ne
s'applique pas aux États-Unis d'Amérique.

Conception: Nigel Soper, Millions Design, Londres
Reproduction des couleurs par Pressplan Reprographics Limited
Imprimé et relié en Grande-Bretagne par Cambus Litho Ltd, East Kilbride,
Écosse
Imprimé sur Fineblade Smooth fourni par Denmaur Papers Ltd

Traduction: Anne-Christine Lehmann
Ce livre fait partie de la liste du catalogue CIP disponible à la British Library (en
Angleterre).

Les mots imprimés en **caractères
gras** sont expliqués dans le lexique.

TABLE DES MATIÈRES

UN VOYAGE À TRAVERS LE TUNNEL

À la fin de la dernière ère glacière, il y a environ 12 000 ans, le niveau de la mer est monté dû à la fonte des glaces. La Grande-Bretagne s'est trouvée séparée du reste de l'Europe.

Pendant plus de deux cents ans, des ingénieurs ont proposé de nombreux projets de lien fixe pour traverser la Manche, mais sans résultat. Aujourd'hui, depuis l'ère glacière, le lien fixe – le tunnel sous la Manche – est enfin une réalité.

Voici l'histoire d'une des plus importantes et extraordinaires réussites de l'ingénierie du vingtième siècle.

1. Prendre la M20 et suivre les panneaux de signalisation du tunnel sous Manche. Pour aller au terminal, quitter l'autoroute à la jonction 11A. Le service Eurotunnel pour traverser la Manche s'appelle **Le Shuttle.**

2. Si vous n'avez pas encore acheté votre billet, ne vous en faites pas, vous pouvez l'obtenir aux aubettes de péage, en payant en espèces, par chèque ou par carte de crédit.

3. Les camions sont séparés des autres véhicules avant les aubettes de péage et voyagent sur différentes navettes.

4. Après le péage, vous pouvez vous arrêter pour vous restaurer, visiter les magasins du terminal passagers ou vous diriger vers une navette.

5. Voyager sous la Manche signifie que vous allez traverser une frontière internationale. Il vous faut donc votre passeport.

. Les contrôles frontaliers britannique et français sont effectués au départ. ela fait gagner du temps à l'arrivée.

7. Après le passage de la douane, dirigez-vous vers votre zone d'affectation; descendez la rampe d'accès pour accéder au quai d'embarquement.

. Du quai d'embarquement, le personnel vous dirigera vers la navette. us conduisez à l'intérieur des wagons jusqu'à ce qu'ou vous fasse signe arrêter.

9. Éteignez votre moteur et serrez votre frein à main. Le train part dans huit minutes à peu près. La navette est bien éclairée, spacieuse et climatisée. Il y a des toilettes tous les trois wagons.

). Pendant votre voyage, des informations sont transmises par un stème de communications audiovisuelles. Et trente-cinq minutes plus rd, vous arrivez à destination.

11. Une fois arrivé, le personnel vous dirigera vers la sortie située eu tête de la rame. Vous débarquez, montez une rampe et rejoinguez la route de sortie vers l'autoroute. N'oubliez pas de conduire du bon côté de la route!

LE TUNNEL EN MARCHE

Le tunnel sous la Manche offre quatre services. Les services opérés par Eurotunnel sous la marque Le Shuttle sont les navettes passagers, pour le transport des voitures et des autocars, et les navettes fret, pour les poids lourds.

Les trains directs de voyageurs et les trains directs de marchandises sont exploités par les compagnies nationales de chemin de fer et d'autres sociétés ferroviaires.

Le tunnel sous la Manche est en fait constitué de trois tunnels, dont deux sont ferroviaires. Les trains dans le sens Grande-Bretagne-France empruntent le **tunnel ferroviaire** nord et les trains dans le sens France-Grande-Bretagne, le tunnel ferroviaire sud. Un troisième, plus petit est, **la galerie de service** qui permet aux ingénieurs d'entrer dans le tunnel sans arrêter le trafic.

Aux heures de pointe les trains traversent le tunnel toutes les trois minutes, à près de 160 km/h. Il peut y avoir sept trains ou plus dans chaque tunnel ferroviaire à n'importe quel moment donné. Des milliers de véhicules et des dizaines de milliers de gens utilisent chaque jour le tunnel. Il est en opération 24 heures sur 24, 7 jours sur 7, 52 semaines par an, et pratiquement par tous les temps.

LE TUNNEL SOUS LA MANCHE

◆ **Longueur du tunnel:**
longueur totale: 50,45 km;
longueur sous la mer: 38 km

◆ **Temps de la traversée:**
35 minutes de terminal à terminal dont 26 minutes eu tunnel.

◆ **Fréquence des navettes:**
jusqu'à 4 départs par heure, aux heures de pointe.

◆ **Profondeur en dessous du fond de la mer:**
Moyenne: 45 m
Maximum: 75 m

Le tunnel ferroviaire nord

Véhicule de transport de l galerie de service

le Shuttle

navette passagers

LES RAMEAUX DE COMMUNICATION

Les tunnels ferroviaires et la galerie de service sont reliés par des rameaux de communication tous les 375 mètres. Les ingénieurs peuvent ainsi accéder aux tunnels ferroviaires par la galerie de service et procéder aux travaux d'entretien. Des **rameaux de communication d'air dits de «pistonnement»** relient les deux tunnels ferroviaires tous les 250 mètres pour mieux répartir la pression de l'air. Lorsque les obturateurs de ces conduites sont ouverts, ils permettent à l'air puissé à l'avant des trains de se diffuser sans danger dans l'autre tunnel ferroviaire. Les obturateurs ne sont fermés que pendant les travaux d'entretien. La pression de l'air dans la galerie de service est supérieure à celle des tunnels ferroviaires pour éviter, si le cas se présente, l'entrée de fumée en provenance d'un des tunnels ferroviaires.

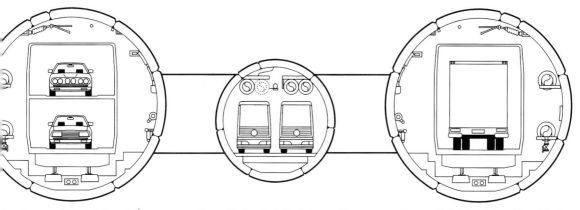

oupe transversale des trois tunnels. À gauche, ne navette passagers double pont dans le tunnel rroviaire.

Deux véhicules d'entretien (voir page 20) se croisent dans la galerie de service.

Une navette fret dans le tunnel ferroviaire de droite. Chaque wagon peut transporter un camion de 44 tonnes.

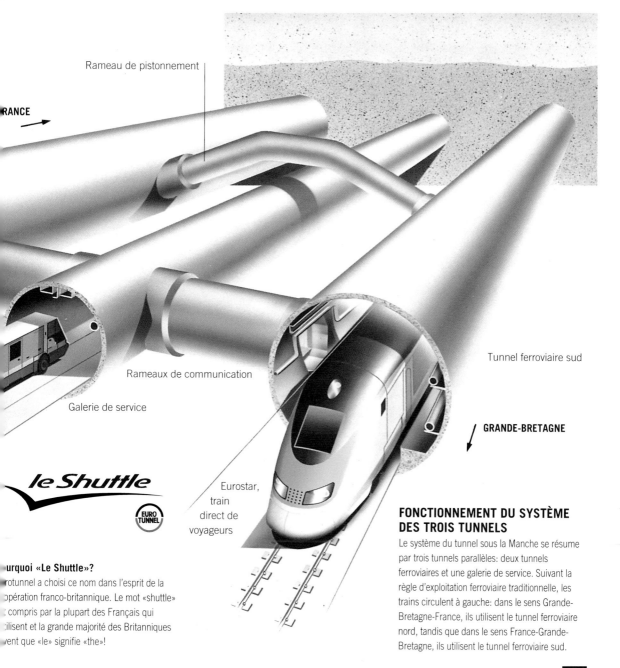

Rameau de pistonnement

RANCE

Rameaux de communication

Galerie de service

Tunnel ferroviaire sud

GRANDE-BRETAGNE

le Shuttle

EURO TUNNEL

Eurostar, train direct de voyageurs

urquoi «Le Shuttle»?

rotunnel a choisi ce nom dans l'esprit de la pération franco-britannique. Le mot «shuttle» compris par la plupart des Français qui ilisent et la grande majorité des Britanniques ent que «le» signifie «the»!

FONCTIONNEMENT DU SYSTÈME DES TROIS TUNNELS

Le système du tunnel sous la Manche se résume par trois tunnels parallèles: deux tunnels ferroviaires et une galerie de service. Suivant la règle d'exploitation ferroviaire traditionnelle, les trains circulent à gauche: dans le sens Grande-Bretagne-France, ils utilisent le tunnel ferroviaire nord, tandis que dans le sens France-Grande-Bretagne, ils utilisent le tunnel ferroviaire sud.

LE TRAFIC

Le Shuttle est comme une autoroute qui se déplace. Les voitures, les autocars et les camions y embarquent à un bout et débarquent à l'autre.

Les voies ferroviaires du tunnel sont reliées aux réseaux ferroviaires français et britanniques. Les trains directs de passagers et les trains directs de marchandises peuvent, par conséquent, passer sans s'arrêter aux terminaux. Le Train à Grande Vitesse Eurostar, reliant Londres, Paris et Bruxelles a commencé son service en 1994.

Beaucoup de trains de marchandises sont des porte-conteneurs faisant la liaison entre le Royaume-Uni et les centres industriels du continent.

Des trains sont aussi prévus pour les Pays-Bas, l'Allemagne et d'autres destinations en Grande-Bretagne. Un service de train de nuit avec wagons-lits est aussi pré vu.

Les locomotives de l'Eurostar sont des versions modifiées du **TGV** (Train à Grande Vitesse). Ce train, en service sur les voies françaises, se déplace sur des voies ferrées spéciales à près de 300 km/h . En mai 1990, il a battu le record mondial de vitesse en roulant à 515 km/h.

En haut: L'Eurostar, une version du TGV, a été spécialement adapté pour rouler dans le tunnel. Malheureusement, les voies ferrées existantes qu mènent à Londres ne permettent pas de dépasse une vitesse de 160 km/h.

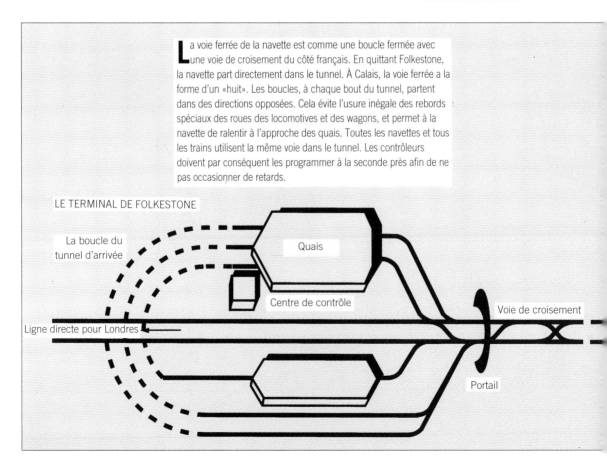

La voie ferrée de la navette est comme une boucle fermée avec une voie de croisement du côté français. En quittant Folkestone, la navette part directement dans le tunnel. À Calais, la voie ferrée a la forme d'un «huit». Les boucles, à chaque bout du tunnel, partent dans des directions opposées. Cela évite l'usure inégale des rebords spéciaux des roues des locomotives et des wagons, et permet à la navette de ralentir à l'approche des quais. Toutes les navettes et tous les trains utilisent la même voie dans le tunnel. Les contrôleurs doivent par conséquent les programmer à la seconde près afin de ne pas occasionner de retards.

LE TERMINAL DE FOLKESTONE

La boucle du tunnel d'arrivée

Quais

Centre de contrôle

Ligne directe pour Londres

Voie de croisement

Portail

haut: Les locomotives du Shuttle ont été spécialement construites pour le tunnel. Chaque navette est encadrée de deux locomotives pour obtenir un maximum de puissance. Les deux locomotives passent par le tunnel 20 fois par jour remorquant une navette d'une longueur moyenne de 800 mètres.

droite: Les poids lourds embarquent sur la navette fret par les wagons de chargement placés au bout de chaque rame. Afin d'accélérer le mouvement, l'embarquement des camions s'effectue sur deux files. Il peut y avoir jusqu'à 5 véhicules par file.

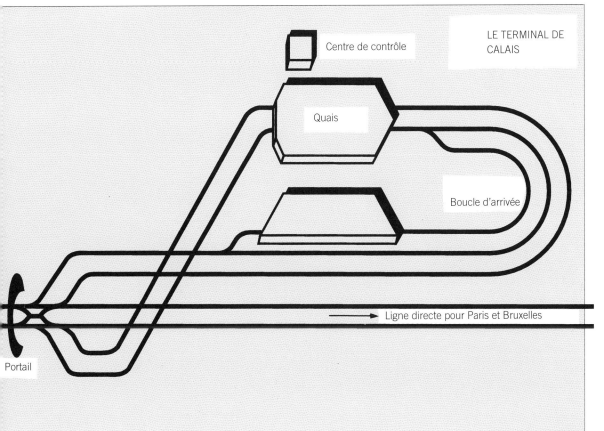

Centre de contrôle

LE TERMINAL DE CALAIS

Quais

Boucle d'arrivée

Ligne directe pour Paris et Bruxelles

Portail

LES LOCOMOTIVES DES NAVETTES

Les deux locomotives qui encadrent la navette – elles se partagent l'effort de traction – sont des machines exceptionnellement puissantes. Elles doivent pouvoir remorquer un train de 2 400 tonnes sur une inclinaison de 1 à 90 (une pente qui monte d'un mètre tous les 90 mètres de distance parcourue). La montée est raide pour les trains, car les locomotives doivent être capables de parcourir la pente à une vitesse atteignant 140 km/h.

La locomotive électrique, spécialement conçue pour répondre à des critères de performance rigoureux, est alimentée par un câble électrique (la **caténaire**) de 25 000 V (25 KV) situé au-dessus d'elle. Ses six moteurs produisent une puissance maximale de 5,76 MW ou 7 600 chevaux, ce qui est plus de 100 fois la puissance d'une voiture familiale moyenne. Les six essieux, placés sur les trois **bogies** (deux essieux par bogies), sont alimentés séparément. Cependant, le courant maximum ne doit pas excéder 65 km/h sinon les roues dérailleraient.

LES SYSTÈMES DE FREINAGE

Les locomotives de la navette sont équipées de deux systèmes de freinage principaux. Le premier système est celui du freinage mécanique, comprenant des sabots de freins ordinaires sur les roues, comme dans une voiture.

Le deuxième est le **freinage électrique par récupération**. Il permet aux roues d'entraîner les moteurs électriques qui font marcher les roues et non l'inverse, les moteurs. Cela génère de l'électricité au lieu d'en consommer. La puissance, ainsi générée, retourne à la caténaire. Les wagons de la navette sont aussi pourvus de freins à disques.

La cabine du conducteur

Bogie

LES LOCOMOTIVES DES NAVETTES

◆ **Vitesse maximale:**
160 km/h

◆ **Vitesse normale de croisière:**
140 km/h

◆ **Puissance:**
5,76 MW (7 600 chevaux)

◆ **Poids:**
132 tonnes

◆ **Écartement des rails:**
1,435 m

◆ **Diamètre de la roue:**
1,250 m

Les locomotives captent le courant de la caténaire (le câble électrique au-dessus des navettes) au moyen d'un **pantographe**. Ce dernier est équipé de ressorts qui le maintiennent en contact avec le câble électrique pendant que la locomotive roule.

LES LOCOMOTIVES DIESEL-ÉLECTRIQUES

Eurotunnel a mis en circulation cinq locomotives diesel-électriques pour les trains de maintenance. Dans le cas d'une panne de courant dans les tunnels, elles serviraient également à remorquer les navettes.

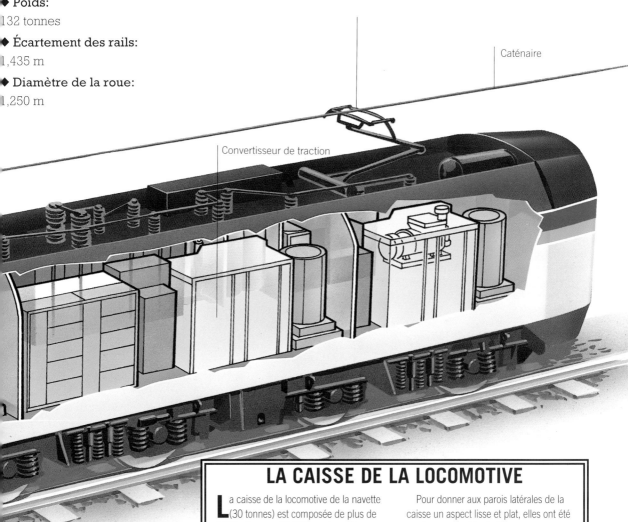

Caténaire

Convertisseur de traction

LA CAISSE DE LA LOCOMOTIVE

La caisse de la locomotive de la navette (30 tonnes) est composée de plus de 5 000 pièces et 10 000 soudures. Les plus petites pièces, de minuscules stries, mesurent 25 mm de large. La plus grande est une simple plaque d'acier de 16 m de long. Elle compose la paroi latérale de la locomotive.

Pour donner aux parois latérales de la caisse un aspect lisse et plat, elles ont été posées sur un châssis de montage et soumises à un effort longitudinal de 40 tonnes qui l'ont allongées de 6 à 8 mm. L'épaisseur de l'acier de la locomotive varie de 2 à 60 mm. Puis la caisse a été soumise à des essais de contrainte.

LE MATÉRIEL ROULANT

Les deux types de navettes, les navettes passagers et les navettes fret, sont totalement séparées. La première transporte des voitures, des autocars et des motos, la seconde transporte des camions. Le **matériel roulant** du Shuttle est conçu pour durer 30 ans.

La navette passagers

Les passagers restent dans leur véhicule pendant le voyage. Les wagons, climatisés, sont fermés. Ils sont pourvus, à chaque bout, de rideaux coupe-feu. Il existe cependant des portes de communication ménagées dans ces rideaux qui permettent aux passagers de passer d'un wagon à l'autre. Les voitures et autres véhicules de moins de 1,85 métres de haut sont placés dans les wagons double pont. Ces derniers ont une capacité de dix véhicules, soit cinq véhicules par pont. Certains wagons ont des escaliers pour accéder au niveau supérieur. Les toilettes se trouvent tous les trois wagons.

Les motocyclistes garent également leur moto dans les wagons DP. Les cyclistes voyagent en bus et leur bicyclette sont transportées, sur le porte-vélos du bus.

Les autocars et autres véhicules hors gabarit font la traversée à bord des wagons simple-pout. Un wagon peut contenir un autocar ou deux voitures tractant une caravane ou une remorque.

Le système de climatisation, sur chaque navette passagers, est pourvu de 308 moteurs électriques. Il renouvelle l'air des wagons toutes les 70 secondes.

Le système de climatisation, ainsi que les canalisations, l'éclairage, les dispositifs d'alarme contre la fumée et les incendies, sont sous le contrôle permanent du **chef de train.**

Les navettes passagers sont composées de deux **rames** différentes: une rame (ou demi-trains) de douze wagons à un niveau, et une rame de douze wagons à deux niveaux. Les deux rames sont équipées d'un wagon de chargement/déchargement à chaque extrémité. La rame des wagons à un niveau se trouve toujours à l'avant de la navette.

Les véhicules embarquent à bord de la navette par le wagon de chargement. Celui des wagons à deux niveaux est muni d'une rampe interne pour permettre aux voitures d'accéder au pont supérieur.

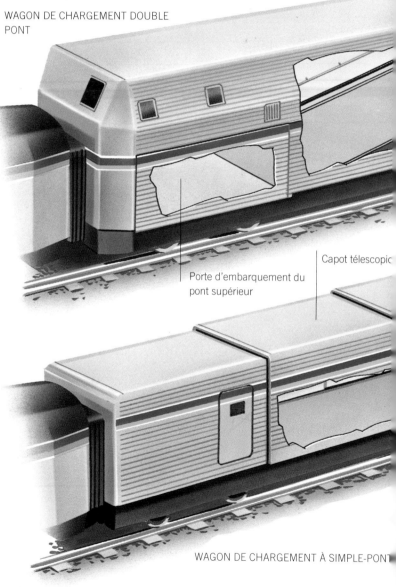

WAGON DE CHARGEMENT DOUBLE PONT

Porte d'embarquement du pont supérieur

Capot télescopic

WAGON DE CHARGEMENT À SIMPLE-PONT

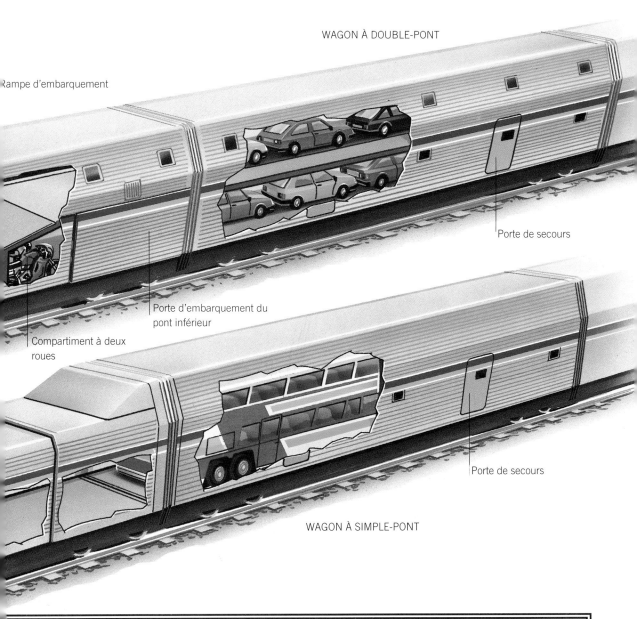

WAGON À DOUBLE-PONT

Rampe d'embarquement

Porte de secours

Porte d'embarquement du
pont inférieur

Compartiment à deux
roues

Porte de secours

WAGON À SIMPLE-PONT

LES NAVETTES POIDS LOURDS

Les navettes poids lourds sont composées de 28 wagons porteurs, ce qui représente deux rames de 14 wagons. Chaque rame comprend un wagon de chargement et un wagon de déchargement à chaque bout. Les wagons porteurs, pouvant convoyer des camions de 44 tonnes, sont semi-ouverts pour réduire leur poids.

Une fois sur le quai, les camions embarquent sur la navette par le wagon plat de chargement. Deux plaques-ridelles sont abaissées sur le quai pour former une rampe d'accès. Les poids lourds avancent ensuite le long des wagons porteurs jusqu'à ce qu'on leur indique de s'arrêter. Une fois le véhicule garé, le conducteur met ses freins et éteint son moteur. Les camions équipés d'unité de réfrigération peuvent être branchés aux points

d'alimentation électrique. Les conducteurs ne restent pas avec leurs véhicules, ils sont conduits par minibus jusqu'à la voiture salon (club car), placée tout derrière la locomotive. Ils peuvent y prendre un repas et se détendre. À l'arrivée, ils rejoignent leurs véhicules et quittent la navette par le wagon de déchargement, à l'avant de chaque rame.

LA CABINE DU CONDUCTEUR

Imaginez! Vous êtes le conducteur d'une navette passagers. Vous êtes assis à l'avant de la locomotive, dans la cabine à la place de gauche. Comme chaque navette est encadrée par deux locomotives, le chef de train, lui, est assis dans la cabine arrière de la locomotive, à la place de droite. Il est chargé de surveiller les wagons et de veiller à la sécurité de ses passagers. Il communique avec le conducteur par interphone. La navette a un équipage de huit personnes (chef de train et conducteur inclus).

Vous avez en face de vous le pupitre avec toutes ses commandes. Quand le chef de train vous donne le feu vert pour partir, vous relâchez le frein et poussez le sélecteur de contrôle sur «avant». Ensuite, vous enclenchez le levier du contrôle de puissance, à côté du sélecteur de contrôle, pour faire avancer la navette. Elle prendra bientôt de la vitesse. En quelques minutes, elle arrivera à la hauteur du portail et s'engagera dans le tunnel. Un système de signalisation automatique, appelé le TVM 430, contrôle la vitesse. Ce système français permet au conducteur de recevoir les informations nécessaires par des voyants en cabine, et non par des signaux fixes installés le long de la voie. (TVM est l'abréviation de Transmission Voie Machine.)

La vitesse à laquelle vous devez voyager clignote en face de vous. La vitesse maximale est de 140 km/h. Le chiffre 140 apparaît en noir sur vert pour indiquer que la vitesse est normale. Lorsque vous devez ralentir l'indication se met à clignoter, puis un autre chiffre indiquant une vitesse réduite apparaît. Si vous allez trop vite, la navette freine automatiquement.

L'écran devant vous vous indique tout de suite s'il y a une anomalie. Le chef de train utilise deux écrans pour surveiller ce qui se passe dans chaque partie de la navette. Les commandes peuvent être utilisées par des conducteurs, qu'ils soient assis ou debout.

«L'EFFET DES TRAVERSES»

Les trains à grande vitesse avaient déjà été construits de manière à ce que les conducteurs ne puissent pas voir les voies ferrées à moins de 20 m. Les traverses des voies ferrées, en disparaissant rapidement sous le train, auraient un effet hypnotisant sur le conducteur. Pour les navettes, il a fallu prendre en compte l'effet des voussoirs du tunnel se succédant à grande vitesse. Le champ de vision du conducteur a dû être limité latéralement à ce niveau-là.

CONTRÔLER LE TRAFIC

Il existe des systèmes différents pour contrôler le trafic routier et le trafic ferroviaire. Les contrôleurs routiers sont installés au niveau supérieur du centre de contrôle de chaque terminal. Ils ont une vue directe sur le terminal et reçoivent des informations supplémentaires grâce à des caméras vidéo. Après avoir franchi les contrôles frontaliers, les véhicules sont automatiquement comptés et dirigés sur les voies d'affectation avant d'embarquer sur leur navette.

La responsabilité du contrôle ferroviaire incombe au centre de contrôle de Folkestone. Dans la salle de commande ferroviaire, les pupitres du personnel sont disposés sur trois rangées et font face à un mur incurvé sur lequel est affiché le **schéma synoptique** de l'ensemble du système. La position de chaque train et de chaque navette, dans les tunnels et sur les terminaux, est représentée sur ce schéma. Les informations sont envoyées directement à la cabine du conducteur et non par des signaux placés le long de la voie. Si le conducteur ignore le signal, le train ralentit ou s'arrête automatiquement.

S'il y avait une défaillance au centre de Folkestone, la salle de commande ferroviaire de Calais prendrait immédiatement le relais.

En bas à gauche: Le centre de contrôle au terminal de Folkestone. En temps normal, tout le système ferroviaire du tunnel sous la Manche est contrôlé à partir de Folkestone.

Droite: Schéma synoptique du centre de contrôle ferroviaire de Folkestone. Il représente la position de tous les trains et de toutes les navettes. Les systèmes de contrôle et de communication sont conçus de manière à opérer même dans le cas d'une coupure de courant.

En bas à droite: Vu à partir du centre de contrôle du terminal de Calais qui peut prendre la relève à tout moment en cas d'urgence. Une équipe entière y est présente 24h sur 24. De nombreux essais sont effectués pour vérifier que le système de contrôle est pris en charge à Calais lorsqu'il est coupé à Folkestone.

ENTRETIEN ET MAINTENANCE

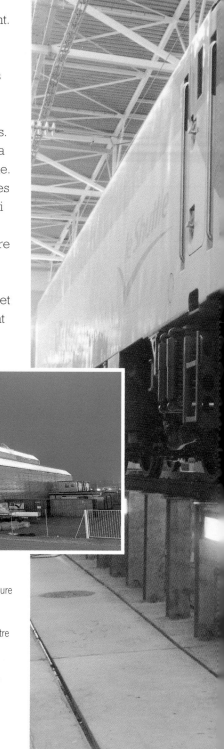

Avec ses neuf navettes touristes passagers, huit navettes poids lourds et 38 locomotives, soit un total de 567 véhicules, le parc d'Eurotunnel est complet et indépendant.

Il existe deux dépôts de maintenance. Le dépôt de maintenance principal, d'une surface totale au sol de 10 000 mètres carrés, se trouve à Calais. Il est traversé par quatre voies équipées de fosses et de plates-formes d'accès. Le deuxième dépôt, plus petit – 750 mètres carrés – est à Folkestone.

Il s'agit, autant que possible, d'anticiper les éventuels problèmes. Le contrôle et l'entretien périodique de chaque locomotive et de sa rame (demi-navette) de wagons sont effectués une fois par semaine. Les contrôles hebdomadaires prennent environ huit heures pour les navettes passagers et six heures pour les navettes poids lourds qui sont moins complexes.

Ce travail se fait en général de nuit lorsque que le trafic ferroviaire est moins intense. Le programme d'entretien hebdomadaire est complété par des vérifications annuelles de la maintenance. Une équipe de dépannage est affectée dans chaque terminal. Elle permet de localiser les petites pannes et d'effectuer les réparations pendant qu'ont lieu le déchargement et le chargement.

En haut: L'énorme dépôt de maintenance à Calais est en opération 24 heures sur 24. Il assure ainsi aux navettes un service constant.

Droite: La locomotive d'une navette attend d'être inspectée dans le dépôt de maintenance de Calais. Eurotunnel emploie près de 260 ingénieurs chargés de l'entretien, presque tous basés à Calais.

Gauche: Les routines d'inspections sous les navettes permettent aux ingénieurs de contrecarrer d'éventuelles pannes.

LES VÉHICULES DE LA GALERIE DE SERVICE

Les navettes et les trains ne sont pas les seuls véhicules à emprunter le tunnel sous la Manche. D'autres véhicules, que vous ne verrez pas en tant que passager, sont utilisés dans la galerie de service. Leur nom est **STTS** (en anglais, «Service Tunnel Transportation System vehicles»). Ils roulent sur des pneus et sont équipés de moteurs diesel. Leur gaz d'échappement est traité de manière à éviter l'accumulation des émanations dans les tunnels.

Les STTS ont été conçus pour servir à la fois à l'entretien et aux interventions de secours. En fonctionnement normal, ces véhicules utilisent un système de guidage électronique à fil enterré, installé de telle sorte que deux véhicules peuvent se croiser dans la galerie de service.

En haut: Les véhicules STTS sont équipés d'une cabine et d'un moteur à l'avant et à l'arrière car ils ne peuvent pas faire demi-tour dans la galerie. Celle-ci est cependant assez large pour que deux véhicules se croisent.

Droite: L'usage des STTS est multiple. Différents modules, (1) pour la maintenance, (2) pour la lutte contre l'incendie, et (3) pour l'ambulance peuvent être placés sur le véhicule en quelques minutes. La cabine de pilotage reste la même.

LES VÉHICULES DE TRANSPORT DE LA GALERIE DE SERVICE (OU STTS)

◆ Longueur: 10,2 m

◆ Largeur: 1,5 m

◆ Vitesse de croisière: 50 km/h

◆ Diamètre de la galerie de service: 4,8 m

LES PREMIÈRES TENTATIVES

Bien que la distance la plus courte entre Douvres et Calais ne soit que de 34 km, traverser la Manche était une expérience manœuvre lente et peu agréable. Les ingénieurs rêvaient d'un lien fixe permettant une traversée sans vent et sans marée.

La première proposition sérieuse arriva en 1802 pendant une courte accalmie dans les guerres napoléoniennes. Elle fut celle d'un ingénieur des Mines français, Albert Mathieu-Favier. Il envisageait de faire traverser les passagers en diligence dans un tunnel sous la mer ventilé par d'immenses cheminées de fer. La guerre entre la Grande-Bretagne et la France reprit et mit fin au plan de l'ingénieur.

À la fin du dix-neuvième siècle, un autre Français, M.J.A. Thomé de Gamond apporta plusieurs projets de tunnel ferroviaire. En 1867, il présenta un nouveau plan à l'Exposition Universelle de Paris. Son tunnel passerait par une île artificielle au milieu de la Manche.

La première société concessionnaire Channel Tunnel Company fut créée en 1872, et les travaux commencèrent à Sangatte, près de Calais. La machine de forage fut élaborée à partir de plans de deux ingénieurs militaires: Frederick Beaumont et Thomas English. En 1882, un tunnel de 1,85 km s'avançait déjà sous la mer depuis Shakespeare Cliff quand la peur d'une invasion fit arrêter les travaux.

Le projet des années 1880 fut repris dans les années vingt mais on n'alla pas plus loin que des essais de forage. Les travaux reprirent sérieusement en 1974, mais un an plus tard, le projet fut encore une fois arrêté pour des raisons économiques. Ce n'est que dans les années quatre-vingt que le rêve des pionniers commença à devenir

En bas à gauche: Le projet de Mathieu-Favier, en 1802, prévoyait un service de diligence sous la Manche et d'immenses cheminées de ventilation.

En bas: Un tunnel pilote creusé lors du projet des années 1880. Cent ans plus tard, et sans avoir jamais subi de travaux de recouvrement, le tunnel est toujours intacte et sec.

LA MACHINE DE FORAGE BEAUMONT-ENGLISH

Ci-dessous, le dessin de la machine de forage utilisée pour le projet des années 1880. Élaborée à partir de l'étude du colonel Frederick Beaumont puis améliorée par Thomas English, cette machine faisait 9 m de long et fonctionnait par air comprimé. Une machine Beaumont améliorée était aussi utilisée du côté français.

En bas de la page: Illustration du magazine américain Puck, vers les années 1880. C'est une satire des militaires britanniques opposés à la construction du tunnel. Le général Wolseley, un des principaux opposants du projet, chevauche le lion en fuite.

SIDE ELEVATION.

THE LION CAN NOT FACE THE CROWING OF THE COCK.
(LE LION NE PEUT PAS FAIRE FACE AUX CRIS DU COQ)

LE DÉFI

L'idée de creuser un tunnel sous la Manche était une idée parmi d'autres. Même les concurrents du projet Eurotunnel voulaient construire des ponts sur une partie ou même sur la totalité du trajet.

Au cours du dix-neuvième siècle, de nombreuses propositions de passages fixes étaient imaginées par les ingénieurs. On avait pensé poser un énorme tube métallique au fond de la mer le long duquel des trains auraient circulé. On avait aussi recommandé l'utilisation de sous-marins pour construire les piles en pierre d'un grand pont. Ou encore, un ingénieur voulait construire un immense pont de terre, en comblant une partie de la Manche, percé de canaux de navigation pour laisser passer les bateaux!

LES TUNNELS LES PLUS LONGS DU MONDE

Le tunnel sous la Manche, long de 38 km, est le tunnel sous-marin le plus long du monde. La longueur moyenne totale des trois tunnels, d'un portail à l'autre, est de 50,45 km.

Le Seikan Tunnel qui relie les îles japonaises de Honshû et de Hokkaidô est plus long, 53,85 km, mais seulement 23,3 km se trouvent sous la mer.

Sydney Harbour Bridge (arche)

Forth Rail Bridge (cantilever)

Golden Gate Bridge (suspension)

LES PROJETS EN COMPÉTITION

En septembre 1981, le Premier ministre britannique, Margaret Thatcher et le président de la République française, François Mitterrand, annonçaient leur intention de construire un lien fixe entre leur pays. Le 12 février 1986, ils signaient le Traité de Canterbury, point de départ de la législation relative au tunnel sous la Manche.

Les deux Gouvernements avaient lancé au cours de l'année précédente, un appel d'offres. À la date de la remise des offres, le 31 octobre 1985, neuf projets avaient

été déposés. Cinq furent rejetés presque immédiatement. Un comité franco-anglais fut formé afin d'examiner les quatre restants.

Le premier projet était la construction d'un long pont suspendu au-dessus de la Manche. Cela représentait un risque pour la navigation dans la voie maritime la plus fréquentée du monde. Il aurait aussi fallu fermer le pont en cas d'extrême mauvais temps. Et on n'avait encore jamais tenté de construire un pont de cette taille!

Le deuxième projet était un système de

pont et de tunnel conjugués. Le tunnel routier aurait été placé au fond de la mer, le long de la partie centrale de la Manche.

Une liaison autoroutière pont/tunnel ferroviaire fut aussi suggérée, mais le projet était coûteux et aurait exigé le forage de quatre tunnels. Puis il y aurait eu le problème des voitures tombant en panne et bloquant le tunnel. Chaque projet avec un tunnel routier aurait demandé un système de ventilation ultra sophistiqué.

Finalement, on choisit la solution la plus pratique, le projet de tunnel train/navette.

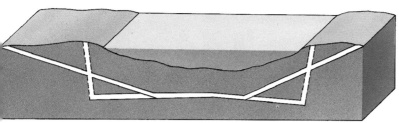

Seikan Rail Tunnel

Gauche: Le Seikan Tunnel est le tunnel le plus long du monde. Il se situe à 240 m au-dessous du niveau de la mer et à 100 m au-dessous du fond de la mer. Le tunnel principal a été construit entre juin 1972 et janvier 1983. La première traversée ferroviaire eut lieu en mars 1988.

LES DIFFÉRENTS PONTS

Les ponts avec arches sont parmi les ponts les plus simples. Le poids des arcs est supporté par les piles. Avec une travée de 500 m, l'arc d'acier du Sydney Harbour Bridge en est le parfait exemple.

Les ponts cantilever consistent en treillis métalliques en porte-à-faux, quelque fois joints par un autre treillis appelé travée suspendue. Ils sont soutenus par des piles et rattachés à des supports de chaque côtés de la rivière. Le Forth Rail Bridge, en Écosse, est un pont cantilever.

Les ponts suspendus sont utilisés lorsque l'on a besoin de travées exceptionnellement larges. Sur ces ponts, la chaussée se trouve suspendue par des tringles métalliques attachées à des câbles qui sont eux-mêmes supportés par des tours. Le Golden Gate Bridge, à San Francisco, aux USA, est un des ponts suspendus les plus connus.

LE CHOIX DE LA ROUTE L'ITINÉRAIRE

Les ingénieurs se sont toujours enthousiasmés par l'idée de creuser un tunnel parce que la roche sous la Manche est idéale pour le forage.

Cette roche, la **craie bleue,** que l'on trouve dans le sol sous-marin au Pas de Calais, le détroit le plus étroit de la Manche, s'étend presque jusqu'à la côte française. La craie bleue est un mélange de craie et d'argile. C'est une roche tendre, donc facile à creuser, et homogène. Contrairement à la craie, la craie bleue est généralement **imperméable** à l'eau. C'est une roche assez résistante pour ne pas s'effondrer une fois que des trous y sont creusés. Quand le tunnel foré dans les années 1880 à Shakespeare Cliff fut rouvert un siècle plus tard, il était toujours sec et en bonne condition. (Il a été, depuis, refermé pour des raisons de sécurité.)

En bas: Coupe géologique (pas à l'échelle) du lit de la Manche. Elle nous montre que le tunnel suit la couche de craie bleue. Lors d'études destinées aux premiers projets, les ingénieurs ont décrit cette roche comme ayant la consistance d'un fromage très dur. Ils trouvaient qu'il était possible de la découper avec un couteau de poche.

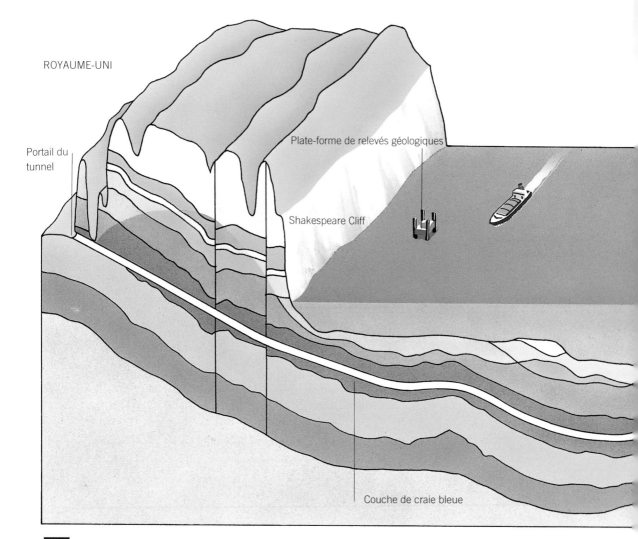

ROYAUME-UNI

Portail du tunnel

Plate-forme de relevés géologiques

Shakespeare Cliff

Couche de craie bleue

PRÉLEVER DES ÉCHANTILLONS

En vue du projet de tunnel, les géologistes se sont mis à prélever des échantillons de roches venant de dessous la mer. Au dix-neuvième siècle, Aimé Thomé de Gamond s'est laissé glissé de son bateau à rames pour examiner le fond de la mer. Ses pieds étaient lestés de sacs de pierres et il avait attaché des vessies de cochons gonflées autour de sa taille pour l'aider à remonter à la surface. Il nous a laissé une description très vivante de l'attaque d'une anguille de roche qu'il a subit.

De nos jours, les investigations sont menées de façon plus scientifique. De petites explosions sont déclenchées afin de mesurer l'écho des vagues sismiques rebondissant sur les roches dans le sol marin. Les plates-formes comme ci-dessous ont été utilisées pour effectuer des carottages à près de 80 m sous le fond de la mer.

COUCHE DE CRAIE BLEUE

◆ **Épaisseur:** 70-75 m

◆ **Pente (côté anglais):** 5°

◆ **Pente (côté français):** 20°

◆ **Âge:** 65-135 millions d'années

FRANCE

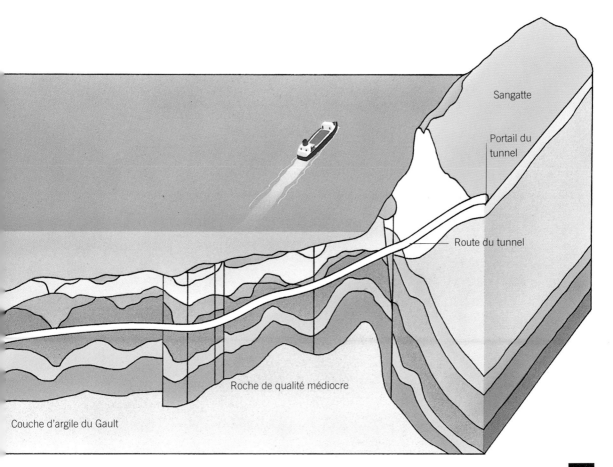

Sangatte

Portail du tunnel

Route du tunnel

Roche de qualité médiocre

Couche d'argile du Gault

LES TUNNELIERS

Le choix de la route établi, il a fallu construire d'énormes **tunneliers** pour forer les tunnels. D'un diamètre de 8,78 mètres et pesant 1 575 tonnes, le plus grand tunnelier mesurait, y compris son train technique, 260 mètres de long (plus long que deux terrains de football mis bout à bout).

Les dents de la tête de coupe du tunnelier, fabriquées dans un matériau très résistant, le carbone/tungstène, étaient capables de tracer leur route dans la craie bleue à la cadence de plus d'un kilomètre par mois.

La section d'ancrage était bloquée contre les murs du tunnel par des patins d'ancrage. De puissants vérins hydrauliques, prenant appui contre elle, poussaient la tête de coupe qui se mettait à creuser dans la craie. Au fur et à mesure que la tête de coupe avançait, le revêtement télescopique situé entre la tête de coupe et la section d'ancrage, s'étendait. Cela laissait de la place pour poser des voussoirs en béton.

Une fois cette opération achevée, des vérins poussaient la section d'ancrage pour rejoindre la tête de coupe.

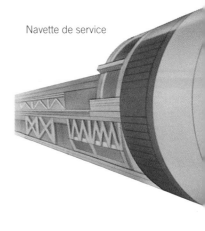

Navette de service

À gauche: Les tunneliers britanniques ont été acheminés vers Douvres, par bateau, en pièces détachées. Puis, par camions à Shakespeare Cliff où elles ont été descendues dans un **puits d'accès** et assemblées dans une chambre souterraine. Quatre des tunneliers britanniques ont été construits en Écosse et deux à Chesterfield, en Angleterre. Sur la photo, déchargement d'une partie d'un tunnelier conçu pour creuser un des tunnels ferroviaires sous terre, côté sud, aux docks de Douvres, au mois d'août 1989.

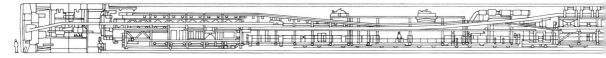

En bas: Dessin de la coupe du tunnelier conçu pour creuser l'un des deux tunnels ferroviaires sous mer, côté britannique. Il nous montre les vérins hydrauliques qui poussent en avant la tête de coupe rotative. De petits ajustements continuels ont été effectués afin de permettre au tunnelier de suivre le bon tracé.

Revêtement télescopique

Tête de coupe rotative

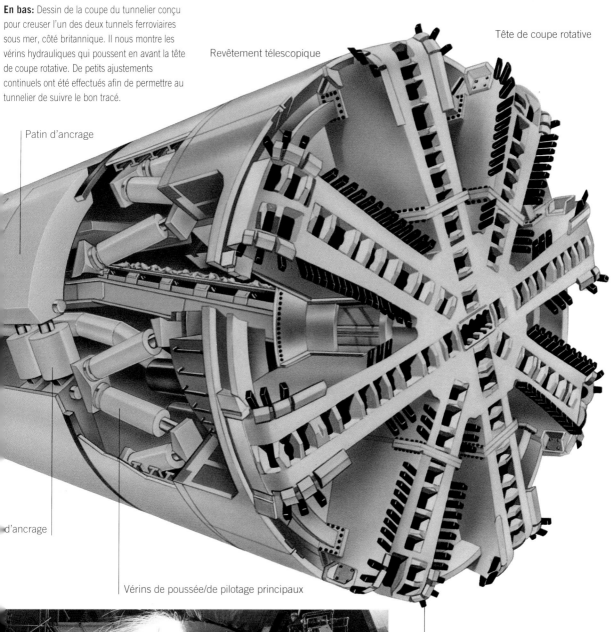

Patin d'ancrage

d'ancrage

Vérins de poussée/de pilotage principaux

Dents de coupe

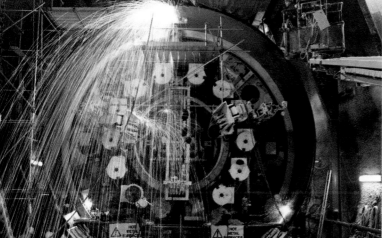

À gauche: Les tunneliers britanniques ont été transportés dans une chambre souterraine près du puits d'accès pour être assemblés. Les parties du tunnelier conçu pour creuser le tunnel ferroviaire sous mer, côté nord, sont soudées ensemble.

Les tunneliers français ont été en partie assemblés à la surface avant d'être descendus dans le puits d'accès à Sangatte qui est plus large.

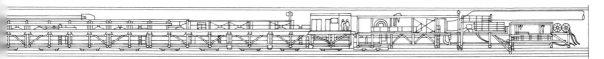

LE TRAVAIL COMMENCE

Avant que les tunneliers puissent commencer à forer, la construction de puits d'accès a été nécessaire pour parvenir au niveau des tunnels. En Grande-Bretagne, un petit puits d'accès de 10 mètres de diamètre a été creusé depuis Shakespeare Cliff jusqu'aux chantiers du tunnel. À Sangatte, en revanche, il a fallu assécher une grande partie des lieux et construire un puits d'accès beaucoup plus grand: 55 mètres de diamètre et 75 mètres de profondeur. Les parties des tunneliers ont été descendues par ces puits d'accès et assemblées sous terre.

Il y avait au total onze tunneliers pour douze tunnels. Trois, un par tunnel, étaient disposés sous la mer de chaque côté de la Manche, trois autres partaient de la terre, de Shakespeare Cliff vers le terminal de Folkestone. En France, seulement deux tunneliers furent utilisés pour creuser les tunnels côté terre de Sangatte vers le terminal de Calais. Un, creusa la galerie de service, le deuxième, les deux tunnels ferroviaires (voir pages 36-37).

En haut: Une grue de 630 tonnes descend une partie de la tête de coupe d'un des tunneliers français dans l'immense puits d'accès à Sangatte Un toit y a été rajouté afin que le travail puisse se poursuivre par tous les temps.

À gauche: La tête de coupe d'un tunnelier britannique d'un des tunnels ferroviaires est descendue dans le puits d'accès, à Shakespeare Cliff. Le puits était juste assez grand pour laisser passer la machine.

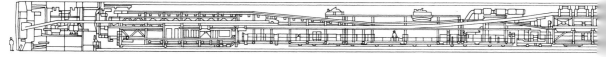

Première photo en partant du haut: Intérieur d'une partie d'un tunnelier français conçu pour creuser l'un des deux tunnels ferroviaires sous mer.

Deuxième photo: La tête de coupe d'une des machines françaises est avancée le long d'un tunnel ferroviaire sous mer avant l'assemblage final.

Troisième photo: Un tunnelier français est assemblé à l'embouchure du futur tunnel ferroviaire côté mer.

EUROTUNNEL ET TML

En 1986, une fois que les deux Gouvernements français et britannique eurent donné le feu vert au projet présenté par Channel Tunnel Group/France-Manche (CTG/FM), les actionnaires de CTG-FM se rendirent compte qu'il était nécessaire de séparer les fonctions de propriétaire/exploitant des constructeurs. Les dix entrepreneurs du groupement originel CTG-FM (cinq français et cinq anglais) se constituèrent en un entrepreneur binational en ingénierie et construction qu'ils appelèrent Transmanche-Link (TML). Un contrat fut négocié entre TML et Eurotunnel (un partenariat comprenant Eurotunnel plc en Grande-Bretagne et Eurotunnel SA en France). Une fois la construction du Tunnel achevée, Eurotunnel devenait le propriétaire/exploitant.

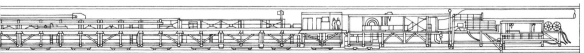

LE REVÊTEMENT DU TUNNEL

Derrière le tunnelier, des anneaux de revêtement constitués de voussoirs en béton armé ont été placés sur les murs du tunnel. Les voussoirs ont été transportés par un train de chargement (transporteur). Chacun d'eux a été bloqué au moyen d'un voussoir clé de voûte spécial taillé en biseau. Le tout petit espace d'environ 20 millimètres entre le revêtement et le terrain a été injecté d'un mélange de **mortier de ciment**. Il a fallu environ 20 minutes pour bloquer en place chaque segment.

Des usines ont été montées en France et en Grande-Bretagne pour la production des voussoirs. L'usine française se trouvait à Sangatte et compte tenu du peu d'espace disponible sur le site même, la fabrication des vousssoirs britanniques a eu lieu sur l'île de Grain, dans le Kent, à 100 km de Shakespeare Cliff. Les Anglais ont utilisé huit voussoirs par cycle bloqués au moyen de voussoir clé de voûte; les Français, six voussoirs par cycle avec, en plus, le voussoir clé de voûte. Des voussoirs en fonte à la place de voussoirs en béton ont été placés aux niveaux des rameaux de communication et dans les zones friables.

En haut: Les quelques 400 000 voussoirs destinés au revêtement du tunnel français sont finis à la main avant le traitement à chaud dans un tunnel de séchage. Après séchage, on laisse les voussoirs durcir pour les utiliser par la suite.

À gauche: Les voussoirs de revêtement du tunnel sont renforcés par des cages d'armature. Ici, les armatures de renforcement sont fabriquées à l'usine de Sangatte.

En bas: Une grue de 60 tonnes descend des voussoirs séchés dans l'immense puits d'accès de Sangatte.

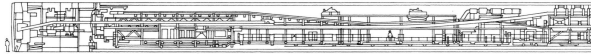

En haut: Mise en place d'un voussoir de revêtement dans un des tunnels ferroviaires britannique sous mer.

À gauche: Un voussoir est soulevé et transféré depuis le train de chargement jusqu'au tunnelier dans un tunnel français.

En bas: Insertion d'un voussoir «clé de voûte» dans le tunnel ferroviaire côté terre, en Grande-Bretagne.

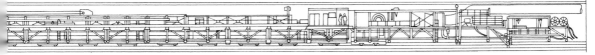

RESTER SUR LE TRACÉ EXACT

Garder les énormes tunneliers sur le tracé exact était vital. Même la plus petite déviation – une fraction d'un degré – aurait eu une conséquence désastreuse : les tunnels français et britanniques ne se seraient pas rencontrés au milieu de la Manche. Sous terre, il n'est pas facile de savoir exactement où l'on est. Même les systèmes de satellite de guidage les plus sophistiqués sont inutiles.

La seule façon de rester sur la bonne voie était d'étudier la position du tunnelier dans le tunnel. Les ingénieurs du tunnel ont pu le réaliser avec une incroyable précision grâce au laser. Un ordinateur dans la cabine du tunnelier réagissait au rayon laser et calculait la position exacte de la machine. L'opérateur pouvait donc ajuster les vérins hydrauliques derrière la tête de coupe et permettre au tunnelier de rester exactement sur le tracé prévu.

En bas: Le faisceau rouge, à droite sur la photo, provient d'un laser. Les systèmes informatisés de guidage par laser ont permis aux tunneliers de rester sur l'exact tracé.

La tête de coupe du tunnelier tourne à la vitesse de 2-3 tours/minute. Sa conduite était contrôlée par huit vérins hydrauliques ajustables individuellement, chacun donnant un coup de 210 kilos par centimètre carré.

. Un rayon laser est émis dans l'axe du tunnel. Il asse à travers le point de repère du laser fixé à la aroi du tunnel.

2. Le rayon frappe une cible située derrière la tête de coupe. La position exacte est ainsi transmise à l'ordinateur du tunnelier.

3. L'opérateur de la cabine de contrôle corrige la position des vérins afin de permettre à la machine de rester sur l'exact tracé.

SYSTÈME DE PILOTAGE PAR LASER D'UN TUNNELIER

Schéma A: Coupe transversale d'un des tunnels. Le tunnelier est légèrement en dessous du tracé initial du tunnel. Le rayon laser parallèle au tracé initial, n'est pas dans la bonne mire d'alignement du tunnelier. Cette information est directement transmise à l'ordinateur de bord. À l'aide du pupitre de contrôle, l'opérateur du tunnelier donne

de nouvelles instructions aux vérins hydrauliques qui corrigeront la tête de coupe et permettront à la machine d'ajuster sa route.

Schéma B: Alignement correct du tracé du tunnel. Le rayon part du laser, passe à travers le point de repère fixé au mur du tunnel et atteint la cible en plein centre.

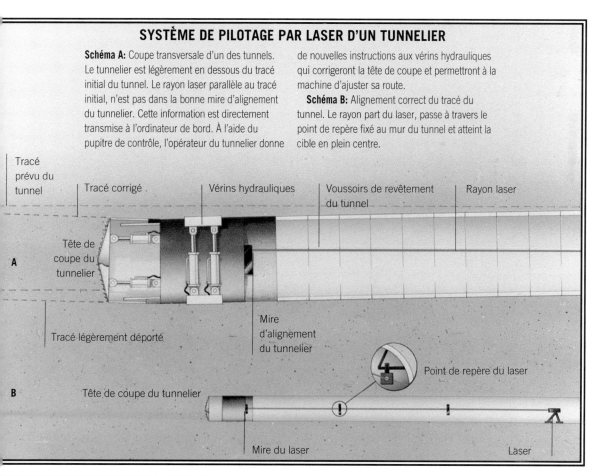

DERRIÈRE LA MACHINE

Les pompes, fournissant l'énergie hydraulique aux vérins de poussée/pilotage, étaient placées à l'avant du train technique (ou train de service). Puis derrière elles, se trouvaient les installations électriques d'approvisionnement des pompes et de l'éclairage.

Le train technique était équipé de conduites d'aération, de pompes à air ainsi que de filtres pour capter la poussière.

Les trains transporteurs utilisaient les voies ferroviaires temporaires du tunnel pour acheminer les voussoirs. Ces derniers, une fois sur place, étaient soulevés et mis en place par des grues à portique. Pendant ce temps, **les déblais** (de la roche) au niveau de la tête de coupe étaient évacués par tapis roulant à travers le train technique jusqu'au train transporteur qui les sortait du tunnel.

En bas: Lorsque le premier tunnel français côté terre fut achevé, on fit faire demi-tour au tunnelier et à son train technique pour forer un autre tunnel. C'est le seul tunnelier qui finit là où il avait commencé, à Sangatte. Cette photo montre le train du tunnelier après qu'il ait fait demi-tour.

Chaque trains techniques mesuraient 260 m de long. C'était de véritables usines : des tapis roulants évacuaient les déblais alors que des machines posaient les voussoirs de revêtement. Ils avaient même un salon de détente où le personnel pouvaient se restaurer.

LE COÛT

Au moment de son ouverture, le tunnel sous la Manche avait déjà coûté près de 9 billions de Livres. Les deux tiers avaient été dépensés pour la conception et la réalisation du tunnel et de son matériel roulant, et le tiers restant à financer les coûts des emprunts et des entreprises.

À gauche:

Les rameaux de pistonnement ont été creusés avec des machines manuelles. De petits marteaux piqueurs (ou machine d'attaque ponctuelle) ont été utilisés pour forer les rameaux de communication. Du coté britannique, les revêtements de ces rameaux sont des voussoirs en fonte apportés par le train transporteur. Du côté français, ce sont des voussoirs en béton.

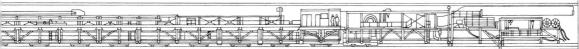

L'ÉVACUATION DES DÉBLAIS

Lorsque les tunneliers foraient, 2 400 tonnes de déblais par heure sortaient du tunnel du côté britannique. On devait se débarrasser de près de huit millions de mètre cube de roche. Le total des déblais, des deux côtés du tunnel, aurait pu remplir 13 fois Wembley stadium (stade de football anglais). Ces déblais étaient évacués par le tapis roulant des trains transporteurs puis du tunnel, par des wagons à berlines.

Du côté français, ces **berlines** basculaient leur contenu dans une large trémie au fond du puits d'accès de Sangatte. Les déblais étaient écrasés et mélangés à de l'eau pour former une sorte de pâte liquide. Cette pâte était ensuite pompée jusqu'à un bassin artificiel aménagé par la construction d'un barrage de 730 mètres de long situé sur une colline à un kilomètre de là. Une fois asséché, ce bassin a été remblayé et semé d'herbe.

Du côté britannique, on créa une digue au pied du site de construction de Shakespeare Cliff. Cela forma des bassins que l'on combla par la suite par les déblais.

En haut: Le tapis roulant évacuant les déblais s[e] trouve au milieu du train transporteur.
À gauche: Front de coupe d'un tunnelier britannique pour le forage d'un tunnel ferroviair[e] côté terre.
En bas: Une berline à déblais sort du chantier [du] tunnel sous Shakespeare Cliff.

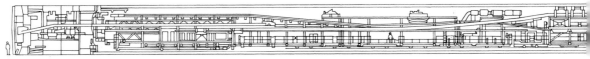

n bas à gauche: Le site de Shakespeare Cliff
n contrebas. La digue est en construction. Au
nd, les bassins artificiels où sont jetés les
éblais.

Au centre: À Sangatte, le contenu des berlines
est basculé dans la trémie où les déblais sont
mélangés à de l'eau pour donner une pâte
liquide.

À droite: La pâte est envoyée de Sangatte (en
haut à gauche de la photo) par pompage jusqu'au
bassin de décantation, à Fond Pignon. Là, le
bassin sera mis à sec et semé d'herbe.

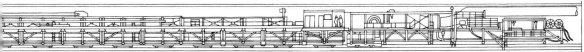

MAINTENIR LA CADENCE DE L'APPROVISIONNEMENT

Sur les six tunnels britanniques (trois du côté terre et trois du côté mer), cinq étaient en chantier en même temps. (La galerie de service côté terre devait être achevée avant le forage d'un des tunnels ferroviaires côté terre.)

Pendant cette période d'intense activité, les trains du site ferroviaire en construction de Shakespeare Cliff ont parcouru une distance équivalente à quatre fois le tour du monde. Le matériel roulant, d'un parc de 1 000 véhicules, comprenait, pour les deux tiers, des **wagons plats**, utilisés pour transporter de l'équipement, et du tiers restant, des berlines. Chaque berline pouvait contenir près de 14 tonnes de déblais.

À droite: Au fond du puits d'accès français. Le personnel descendait sur leur lieu de travail dans des wagons spécialement conçus, appelés des **manriders** (voir page 46).

En bas: Centre de contrôle de la construction de voies ferrées en haut du puits d'accès, sur le site de Sangatte. Les contrôleurs devaient suivre la progression des travaux sur le tableau synoptique au fur et à mesure que la construction des tunnels avançait. Les systèmes informatiques permettaient une gestion efficace du matériel et de l'équipement.

En haut: Les énormes piles de stockage des voussoirs à Shakespeare Cliff. Près de 500 000 voussoirs ont été utilisés uniquement pour le revêtement des tunnels britanniques. Compte tenu du peu d'espace sur le site, la fabrication des voussoirs a eu lieu sur l'île de Grain, dans le nord du Kent. Ils étaient ensuite acheminés par train sur le site de Shakespeare Cliff.

À gauche: Train à berlines derrière un des tunneliers britanniques. Pour la construction du tunnel, deux voies ferrées temporaires ont été placées l'une à côté de l'autre. Pour cela il a fallu un écartement des rails beaucoup plus petit.

En haut: Train de chargement dans un des tunnels ferroviaires britanniques côté mer. Celui-ci transporte des fixations destinées aux canalisations de refroidissement et autres équipement des murs des tunnels.

LES GALERIES DE CROISEMENT (OU GARES DE TRIAGE)

Les deux énormes **galeries de croisement** sous la Manche permettent aux trains de passer d'un tunnel à l'autre, au cas où un tronçon de tunnel devrait être clos pour entretien ou réparation. Sans elles, si un des tunnels était entièrement interdit d'accès, les trains et les navettes prendraient un retard considérable. Mais grâce à ces gares de triage, une partie seulement du tunnel est fermée quand cela est nécessaire. Lorsqu'une seule voie fonctionne, les signalisations et les systèmes de contrôle des trains sont indispensables pour assurer qu'il n'yait aucun train venant dans l'autre direction. Le changement de voie s'effectue à une vitesse inférieure à 60 km/h.

Les galeries de croisement se situent à un tiers et aux deux tiers de la distance, sous la mer, entre les deux portails. Leurs positions exactes ont été déterminées par la nécessité d'avoir la couche la plus épaisse possible de craie bleue entre le fond de la mer et les galeries. Comme chaque tunnel ferroviaire est divisé en trois parties, un sixième du résea reste fermé pour l'entretien peut.

Les galeries de croisement sont tellement immenses qu'elles sont parfois comparées à des cathédrales. Elles sont si hautes que trois bus à étages, placés les uns sur les autres, pourraient y tenir. D'énormes portes coulissantes séparent les deux tunnels quand la gare de triage n'est pas utilisée.

Les portes de la galerie de croisement

Situées entre les deux voies ferrées, elles ont été installées pour des raisons de sécurité et pour séparer les systèmes de ventilation de chaque tunnel. Elles sont composées d'acier de carbone de manganèse avec 5 mm de revêtement d'acier et 15 mm de matériaux coupe-feu afin d'empêcher que le feu ne s'étende d'un tunnel à l'autre.

Salles de contrôle et de signalisation

Porte de la salle de commande

Mur de séparation

Porte de la galerie de croisement (ouverte)

Tunnels de construction

Locaux élec-triques

Rameau de communication

FRANCE

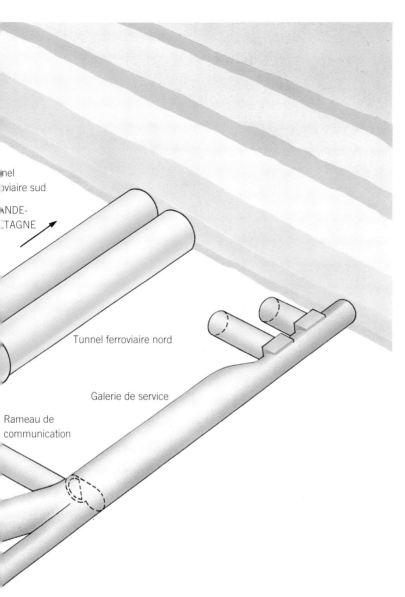

nel
oviaire sud

NDE-
TAGNE

Tunnel ferroviaire nord

Galerie de service

Rameau de
communication

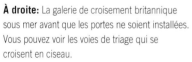

LA GALERIE DE CROISE-MENT BRITANNIQUE

◆ **Situation:** À 17 km du portail britannique et à 7,5 km de la côte

◆ **Profondeur sous le niveau de la mer:** 77,6 m

◆ **Profondeur sous le fond de la mer:** 46,6 m

◆ **Dimensions de la galerie:** Longueur: 156 m. Largeur: 18 m. Hauteur: 9,5 m

◆ **Dimensions des portes:** Longueur (chacune): 32 m. Hauteur: 6,6 m. Poids (chacune): 92 tonnes

LA GALERIE DE CROISE-MENT FRANÇAISE

◆ **Situation:** À 15,7 km du portail français; 12 km de la côte

◆ **Profondeur sous le niveau de la mer:** 90 m

◆ **Profondeur sous le fond de la mer:** 45 m

◆ **Dimensions de la galerie:** Longueur: 162 m. Largeur: 18,9 m. Hauteur: 12 m

◆ **Dimensions des portes:** Longueur: 33 m. Hauteur: 7 m. Poids: 140 tonnes

À droite: La galerie de croisement britannique sous mer avant que les portes ne soient installées. Vous pouvez voir les voies de triage qui se croisent en ciseau.

Pendant la construction, des tunnels ont été creusés à partir de la galerie de service. Puis de petits tunnels ont été forés le long de la galerie de croisement et le toit de la section dégagé. Des couches temporaires de béton ont été projetées sur des grillages de fer avant de placer un revêtement permanent.

Du côté français, la qualité de la craie était moins bonne ce qui augmentait les risques d'infiltration. Des galeries de 2 m de diamètre ont été percées sur le périmètre de la future galerie, puis remplies de béton. La galerie a ensuite été creusée, en-dessous, autours des deux tunnels ferroviaires déjà creusés par les tunneliers.

LES INSTALLATIONS CACHÉES DU TUNNEL

L'alimentation des tunnels en air frais est assurée par d'énormes usines de ventilation, à Shakespeare Cliff, sur la côte britannique, et à Sangatte du côté français. Les gigantesques ventilateurs d'un diamètre de 2 mètres débitent 144 mètres cube d'air par seconde dans le tunnel. Assez pour que 20 000 personnes puissent respirer.

Le passage des trains réchauffe l'air des tunnels qui ensuite a besoin d'être refroidi. Chaque tunnel ferroviaire est équipé de deux canalisations de refroidissement où l'eau froide, provenant des usines de réfrigération situées à Sangatte et à Shakespeare Cliff, y circule. Celle-ci, absorbe la chaleur des tunnels et retourne aux usines de réfrigération où elle est à nouveau refroidie. Du côté anglais, l'usine de réfrigération a une capacité thermique de plus de 28 MW. L'usine de réfrigération française est un petit peu plus petite parce que ses circuits de refroidissement sont plus courts du côté terre. Les deux usines maintiennent la température des tunnels entre 25 et 35°C.

Trois stations de pompage ont été installées dans le tunnel afin d'évacuer l'eau qui s'y infiltre. Deux se trouvent du côté britannique dont une se situe dans la partie la plus basse du tunnel, vers le milieu. La troisième station de pompage est à 8,2 km de la côte française.

LES SYSTÈMES DE VENTILATION ET DE REFROIDISSEMENT

◆ **Ventilateurs:** Poids: 32 tonnes. Capacité: 300 mètres cube dans les deux directions

◆ **Capacité de pompage et de drainage:** 153 litres par seconde

◆ **Les capteurs:** 2,5 millions de relevés sont effectués chaque jour auprès de 500 capteurs dans le tunnel qui mesurent la température (pour le refroidissement) et les taux d'oxyde de carbone.

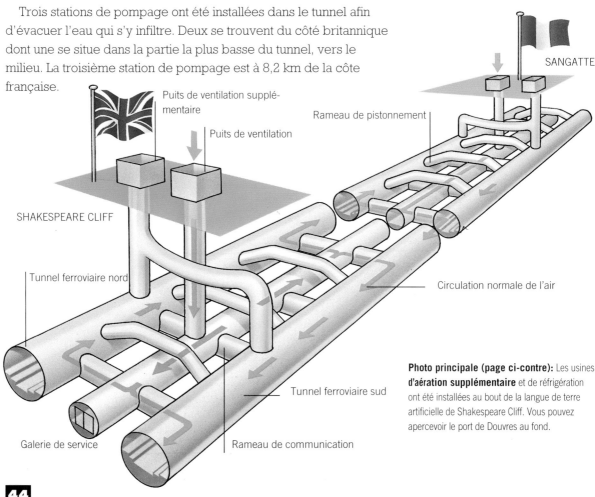

SANGATTE

Puits de ventilation supplémentaire

Puits de ventilation

Rameau de pistonnement

SHAKESPEARE CLIFF

Tunnel ferroviaire nord

Circulation normale de l'air

Tunnel ferroviaire sud

Galerie de service

Rameau de communication

Photo principale (page ci-contre): Les usines **d'aération supplémentaire** et de réfrigération ont été installées au bout de la langue de terre artificielle de Shakespeare Cliff. Vous pouvez apercevoir le port de Douvres au fond.

Des ouvriers font une pause dans un des ventilateurs supplémentaires à Shakespeare Cliff.

D'énormes conduits d'aération ont été installés dans le puits qui accède au tunnel, à Sangatte.

À l'intérieur de l'usine de réfrigération à Sangatte.

LE TRAVAIL DANS LE TUNNEL

Toutes les huit heures (le roulement des trois-huit), on assistait à un va et vient de plus de 1 000 personnes qui devaient se déplacer en train pour aller sur leur lieu de travail ou pour rentrer chez eux. Ces trains, appelés des **«Manriders»,** étaient composés de trois wagons et pouvaient transporter 90 ouvriers. Les visiteurs, eux, voyageaient dans un manrider à toit transparent, surnommé le ***Disneymobile***.

Les innombrables chantiers où étaient creusés les rameaux de communication, les rameaux de pistonnement et les salles d'équipement, avaient aussi besoin de trains pour amener le matériel et dégager les déblais.

Dans le sens de la montre à partir de la page ci-contre

1. Galerie où les ouvriers se changeaient et pendaient leurs vêtements.

2. Le forage d'un rameau de communication dans un des tunnels ferroviaires français.

3. Un soudeur répare les dents de l'une des machines d'attaque ponctuelle. Cette machine était utilisée pour élargir les petits tunnels creusés à la main.

4. Mineurs creusant un des rameaux de pistonnement.

5. Les ouvriers devaient porter à tout moment des casques de protection et des équipements autonomes de survie. (Chaque équipement comporte un masque et un appareil pour filtrer l'air en cas de fumée.)

6. Sortie des ouvriers finissant leur service, en haut du puits d'accès, à Shakespeare Cliff.

UN VÉRITABLE EXPLOIT HUMAIN

La construction du Tunnel a été le résultat d'un véritable exploit humain. Aux tunneliers, ingénieurs, topographes, ouvriers, électriciens, les personnes qui ont construit les tunnels, se sont ajoutés les traiteurs, les employés de bureau, les secrétaires, les directeurs de travaux, les équipes de trains et les équipes médicales.

Dans un projet binational, il fallait prendre très au sérieux le problème de la langue. Pour des raisons de sécurité, il était nécessaire que les ingénieurs apprennent les termes techniques en anglais et en français.

Le tunnel achevé, les ouvriers sont allés travailler sur d'autres chantiers tout aussi importants, tels que la construction d'une nouvelle ligne de métro Jubilee, à Londres, le Storebelt au Danemark, et le projet Highland Water au Lesotho.

En haut: Les berlines à déblais sont arrosées dans un des tunnels français.

À gauche: Un géologiste de TML au travail dans le tunnel britannique, en mai 1989.

En bas: La statue de Sainte Barbe, patronne des mineurs, veille sur les ouvriers sous terre à Sangatte.

En haut: La responsable du service santé prend des relevés atmosphériques du côté français, en mai 1990.

À droite: Les contrôleurs surveillent de près la progression des travaux depuis le centre de contrôle à Shakespeare Cliff.

LA JONCTION

Les galeries française et britannique se sont rejointes le 1er décembre 1990, trois ans, jour pour jour, après le début des travaux de la galerie de service britannique sous mer.

Une jonction technique avait été faite un mois auparavant. Le travail avait été interrompu dans les deux tunnels qui se trouvaient à 100 mètres l'un de l'autre. Une sonde de 50 mm de diamètre avait permis de vérifier l'exactitude du forage puis de confirmer que les tunnels étaient, à quelques centimètres près, bien alignés. On a ensuite dû creuser manuellement un couloir d'accès entre les galeries française et britannique. Puis, la galerie a été achevée avec une machine d'attaque ponctuelle.

Les jonctions des tunnels ferroviaires nord et sud ont eu lieu, respectivement, le 22 mai et 28 juin 1991, en avance sur les dates prévues. Les têtes de coupe des tunneliers britanniques avaient été abaissées pour laisser finir les machines françaises de creuser. Puis le travail achevé, les têtes de coupes ont été ensevelies dans du béton et le reste de l'équipement ramené.

En bas à gauche: Cette sonde était rattachée au tunnelier britannique de la galerie de service. En octobre 1990, elle a servi à établir l'alignement des galeries française et britannique avant la jonction finale.

En bas: Les ouvriers radieux fêtent la réussite de la jonction finale. Le tunnelier français du tunnel ferroviaire sud a atteint le tunnel britannique le 28 juin 1991. Avant les jonctions, les têtes de coupe britanniques ont été ensevelies dans du béton. Les enterrer coûtait moins cher que de leur faire rebrousser les 18 km parcourus. Les tunneliers français, démontés et ramenés à Sangatte, ont été vendus comme ferraille.

En haut: Les ouvriers attendent avec impatience dans la cabine de contrôle du tunnelier de la galerie de service britannique les résultats par radio du passage de la sonde de reconnaissance dans le tunnel français.

À droite: Philippe Cozette (à droite) et Graham Fagg sont les deux ouvriers (tunneliers) qui ont été choisis pour réaliser la jonction de la galerie de service.

POSE DE LA VOIE FERRÉE

Les jonctions de la galerie et des tunnels n'étaient que la première étape de la construction. Il fallait ensuite enlever les petites voies ferroviaires provisoires, dégager de tous ses débris le tunnel et le nettoyer. Cela a pu se faire rapidement grâce à une invention française, le **diplodocus,** qui a combiné les deux dernières opérations en une.

Du béton de revêtement a ensuite été coulé sur le sol des tunnels ferroviaires et la voie ferrée a été mise en place. L'écartement des rails est standard: 1,35 m. Les rails sont fixés sur des blochets en béton armé posés dans une gaine de caoutchouc amortissant les chocs. 334 000 blochets en tout ont été utilisés pour les 100 km de voie ferrée. Puis, pour finir, on a installé l'éclairage, la tuyauterie et les systèmes de communication en cas d'urgence.

LES TREMBLEMENTS DE TERRE

La France et la Grande-Bretagne ne sont pas des pays sujets aux tremblements de terre (la plus grande secousse a eu lieu en 1531), mais les architectes n'ont rien voulu laisser au hasard et ont conçu le Tunnel de manière à ce qu'il puisse faire face à cette éventualité.

En bas: La gigantesque machine de pose de voies ferrées en pleine action dans la galerie de croisement sous mer, côté britannique.

À gauche: Les canalisations de refroidissement ont dû être soudées avant d'être fixées en place.

En bas: Les voies étaient livrées en sections de 180 mètres. Il a fallu couper certains rails pour leur permettre de suivre la courbe du tunnel.

En haut: Machine posant des rails dans un des tunnels britanniques. Les rails sont livrés fixés sur des blochets gainés de caoutchouc pouvant absorber les chocs, puis posés sur le sol bétonné. Cette installation permet aux trains exceptionnellement longs et lourds de rouler en souplesse.

LA CONSTRUCTION DES TERMINAUX

Le terminal français était, pendant sa construction, le plus grand projet moderne de génie civil du monde. Ses 700 hectares en font le plus vaste complexe de transport terrestre d'Europe. Ses 18 kilomètres d'enceinte périphérique entourent 50 kilomètres de voie ferrée et une longueur de route comparable. À côté de ce site, a été inaugurée au printemps 1995, la Cité de L'Europe, un immense centre commercial et de loisir.

En revanche, le terminal britannique, par manque d'espace, a été conçu a une échelle plus réduite. Tout, les voies ferroviaires, les routes, les bâtiments des terminaux, les ateliers d'entretien, la douane et le contrôle des passeports, a été construit sur un site de 140 hectares.

En haut: D'énormes grues ont été utilisées pour construire les ponts d'accès sur les quais. Au fond, boucle d'arrivée du tunnel.

À gauche: Treillis d'armature avant le coulage du béton du portail britannique.

En haut: Un des énormes véhicules utilisé pour la construction du terminal de Calais.

À droite: Pause de rails au terminal de Folkestone.

En bas: Un des ponts d'accès en construction au terminal de Calais.

PRÉSERVER L'ENVIRONNEMENT

Les projets d'ingénierie comme celui du tunnel sous la Manche ont un effet direct sur l'environnement. Eurotunnel, conscient de sa responsabilité, avait publiquement promis d'en minimiser les conséquences.

De part l'espace disponible du site de Calais, le terminal français a pu être construit sans gêner la population locale. En revanche, du côté britannique, des études détaillées sur l'environnement ont dû être effectuées dans les lieux qui auraient pu être affectés par les travaux de construction.

Holywell, une vallée située à l'est du terminal de Folkestone, fait partie de ces localités. Trois tunnels côté terre passent en-dessous. Ils ont été construits par la «nouvelle méthode de forage autrichienne», qui est de bâtir les tunnels dans une tranchée préalablement creusée. Cette tranché est ensuite recouverte et repaysagée.

Pour niveler le terminal de Folkestone, du sable a été dragué des Goodwin Sands par des pipelines sur une longueur de 5 km. Cette opération a évité de larges excavations et le déplacement intensif de camions. Trois édifices historiques sur ou près du terminal ont été soigneusement démantelés et reconstruits ailleurs. Même une colonie d'une espèce proche des salamandres a été relogée.

En haut: Des arbres sont plantés à Dollands Moor. C'est aussi là que se trouvent les voies de garage des trains de transports de la British Rail et que la route venant du terminal de Folkestone rejoint la M20. Cinq cent mille arbres ont été plantés autours de ce site aussitôt qu'il a été permis de le faire pour qu'ils fassent écran au moment de l'ouverture du terminal.

À gauche: La croissance des plantes est répertoriée sur l'escarpement nord du terminal de Folkestone. Ce site, où de rares orchidées et papillons peuvent y vivre et y croître, a été déclaré «Site of Special Scientific Interest».

Page ci-contre: Sentier côtier à Shakespeare Cliff. Le puits de ventilation sur la droite provient du tunnel ferroviaire Douvres-Folkestone.

LA TOUCHE FINALE

Les bâtiments du terminal de Folkestone n'ont pas plus de quatre étages afin d'altérer au minimum le paysage. Cinq cent mille arbres et arbustes ont été plantés autours du site. Il a fallu édifier des murs sur des talus pour faire écran contre le bruit et pour masquer les bâtiments de la vue des villages voisins. La boucle d'arrivée des tunnels ferroviaires, à l'ouest du terminal, a été construite sous terre pour, une fois encore, réduire le bruit. L'éclairage a été disposé de manière à ne pas gêner les habitations voisines.

Pour protéger les navettes des vents forts, des coupe-vent ont été installés. De grandes clôtures, sous terre et sur terre, ont été érigées pour empêcher les animaux de s'approcher du terminal. Des stations secondaires électriques ont été construites pour alimenter la caténaire qui pourvoie en électricité non seulement les trains et les navettes mais aussi les terminaux. Puis des panneaux indicateurs destinés aux voitures, aux autocars et aux camions ont été ajoutés.

En haut: Le nivellement du terminal de Folkestone fait écran aux villages avoisinants.
À gauche: L'échangeur de l'autoroute au terminal de Calais est construit autour d'un immense lac artificiel. Ce dernier rend l'entrée sur la route spectaculaire.

En bas: Des Britanniques approchent du terminal de Calais.

À droite: La marque Le Shuttle est collée sur une locomotive de navette toute neuve .

LE RÔLE DU TUNNEL

Le tunnel sous la Manche fait maintenant partie intégrante du réseau de transports européen. C'est un lien direct entre les réseaux ferroviaires et routiers de la Grande-Bretagne et ceux du Continent. Il permet aux automobilistes britanniques d'arriver plus rapidement à leurs destinations sur le Continent, et aux transporteurs routiers, qui franchissent régulièrement la Manche, de réduire considérablement leur temps de traversée.

De plus, les trains à grande vitesse, qui relient les grandes villes entres elles, amènent les passagers aux centres des grandes villes en un temps record rivalisant avec les lignes aériennes dont les aéroports se situent généralement à la périphérie des villes.

Les sociétés ferroviaires européennes ont planifié 23 000 km de voies ferrées adaptées à ces trains. La voie ferrée connectant le tunnel sous la Manche à Paris est déjà en activité, d'autres sont en construction. Le voyage Londres-Bruxelles dure 3 h10 et Paris-Londres, 3 heures. Lorsque les rails adéquats seront posés entre le tunnel et la capitale britannique, éventuellement au début du 21e siècle, la durée du voyage sera encore réduite.

Quarante trains à grande vitesse, roulant à des vitesses atteignant 300 km/h sont prévus. Trente-huit trains Eurostar ont déjà été commandés. Chaque train, composés de 18 wagons, soit 800 sièges, est climatisé.

Des trains de nuit «hôtel» seront mis en circulation, avec des wagons-lits, toilettes et douches, ainsi que des wagons avec des sièges inclinés. Ces trains pourront transporter quelques 400 passagers. Ils partiront de Plymouth, Swansea et Glasgow pour arriver à Paris ou Bruxelles; et de Londres, à Amsterdam, Francfort, Dortmund.

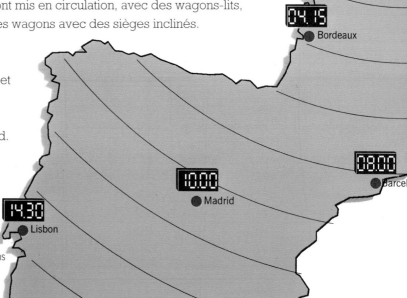

Carte de l'Europe, en 2010, lorsque le réseau ferroviaire sera entièrement adapté aux trains à grande vitesse. Elle montre le temps que les trains mettront du tunnel sous la Manche aux principales villes européennes.

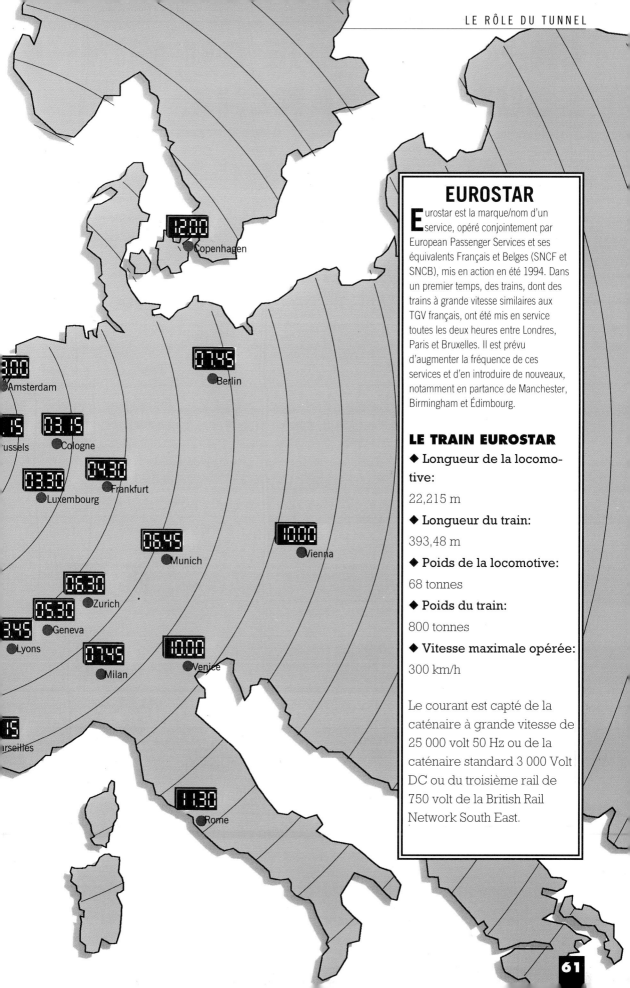

Copenhagen **12.00**

Berlin **07.45**

Amsterdam **9.00**

Brussels **.15** Cologne **03.15**

Luxembourg **03.30** Frankfurt **04.30**

Munich **05.45** Vienna **10.00**

Zurich **06.30**

Geneva **05.30**

Lyons **3.45**

Milan **07.45** Venice **10.00**

Marseilles **.15**

Rome **11.30**

EUROSTAR

Eurostar est la marque/nom d'un service, opéré conjointement par European Passenger Services et ses équivalents Français et Belges (SNCF et SNCB), mis en action en été 1994. Dans un premier temps, des trains, dont des trains à grande vitesse similaires aux TGV français, ont été mis en service toutes les deux heures entre Londres, Paris et Bruxelles. Il est prévu d'augmenter la fréquence de ces services et d'en introduire de nouveaux, notamment en partance de Manchester, Birmingham et Édimbourg.

LE TRAIN EUROSTAR

◆ **Longueur de la locomotive:**

22,215 m

◆ **Longueur du train:**

393,48 m

◆ **Poids de la locomotive:**

68 tonnes

◆ **Poids du train:**

800 tonnes

◆ **Vitesse maximale opérée:**

300 km/h

Le courant est capté de la caténaire à grande vitesse de 25 000 volt 50 Hz ou de la caténaire standard 3 000 Volt DC ou du troisième rail de 750 volt de la British Rail Network South East.

CHRONOLOGIE DU TUNNEL SOUS LA MANCHE

1802
Albert Mathieu-Favier propose le premier projet d'un tunnel sous la Manche

1833
M. J. A. Thomé de Gamond soumet le premier de ses nombreux plans

1867
Thomé de Gamond expose un nouveau projet à l'Exposition Universelle de Paris

1872
Création de la première concession franco-britannique du tunnel sous la Manche

1881
Les travaux de forage commencent à Shakespeare Cliff avec la machine Beaumont-English

1882
Les travaux cessent par peur d'invasion

1906
Un nouveau projet proposé par la Channel Tunnel Company est rejeté

1922
Début de forage d'un tunnel d'essais dans les falaises près de Folkestone

1929
La Royal Commission reconsidère la possibilité d'un tunnel mais le Parlement vote contre la proposition

1974
Les travaux du tunnel reprennent mais cessent l'année suivante pour causes économiques

1980
Le Select Commitee de la Chambre des communes britannique étudie de nouvelles possibilités d'un lien fixe financé par des entreprises privées

1981
Le Premier ministre britannique, Margaret Thatcher, et le président de la République Française, François Mitterrand, annoncent de nouvelles études pour un lien fixe

1984
Le 30 novembre Margaret Thatcher et le président Mitterrand déclarent qu'«un lien fixe servirait les intérêts mutuels des deux pays»

1985
Les deux Gouvernements lancent un appel d'offres. Neuf propositions sont déposées

1986
20 janvier Le choix revient au projet présenté par Channel Tunnel Group Ltd/France Manche SA
12 février Signature du Traité de Canterbury qui permet aux parlements nationaux d'élaborer les législations nécessaires

1987
Les législations sont terminées dans les deux Parlements français et britannique
1er décembre Le forage de la galerie de service britannique sous mer commence

1988
28 février Le forage de la galerie de service française sous mer débute

1990
30 octobre La jonction technique est effectuée par la sonde de la galerie de service sous mer
1er décembre Jonction de la galerie de service sous mer

1991
22 mai Jonction des deux tunnels ferroviaires nord sous mer
28 juin Jonction des deux tunnels ferroviaires sud sous mer

1992
14 décembre La première locomotive de la navette est livrée au terminal de Calais

1993
10 décembre TML laisse la place à Eurotunnel qui devient le propriétaire/exploitant

1994
6 mai Le tunnel sous la Manche es officiellement inauguré par Sa majesté Elizabeth II et le président Mitterrand

LEXIQUE

Berlines Wagons faisant partie du matériel roulant destinés à évacuer les déblais du tunnel.

Bogie Châssis supportant les roues et les essieux installés sous les locomotives et le matériel roulant leur permettant de pivoter.

Caténaire C'est le câble d'alimentation électrique placé au-dessus des trains.

chef de train C'est le responsable du Shuttle chargé de la sécurité des passagers et du train.

Craie bleue Roche résistante mais facile à creuser. La ligne du tunnel sous la Manche suit une couche de craie bleue.

Déblais Roche évacuée des tunnels.

«Diplodocus» Surnom donné par les Français à la machine qui retirait les voies ferroviaire temporaires et nettoyait les débris en même temps.

«Disneymobile» Manrider avec toit transparent destiné aux visiteurs de la construction ferroviaire.

Freinage électrique par récupération Système de freinage qui permet aux roues d'entraîner le moteur et non l'inverse. Cela génère de l'électricité au lieu d'en consommer.

Galerie de croisement Immense chambre souterraine où les trains peuvent changer de tunnel au cas où un tronçon de tunnel est clos pour entretien. Les deux galeries de croisement se situent à un tiers de la distance de leurs portails respectifs.

Galerie de service Le plus petit des trois tunnels situé entre les tunnels ferroviaires, utilisés pour les travaux d'entretien.

Imperméable Qui ne laisse pas passer l'eau. Ce mot est utilisé pour les roches comme la craie bleue qui ne laisse pas filtrer l'eau. Les roches qui laissent passer l'eau sont perméables.

Le Shuttle Nom/marque du service Eurotunnel pour traverser la Manche.

Manrider Train spécialement adapté pour le transport des ouvriers sur les chantiers des tunnels.

Matériel roulant Ensemble des machines, wagons et autres véhicules circulant sur les voies ferrées. (Ce terme inclut aussi quelque fois les locomotives.)

Mortier de ciment Mélange imperméable utilisé pour le carrelage par exemple. Les voussoirs du tunnel ont été fixés avec du mortier de ciment.

Navette Service de transport ou véhicule qui fait régulièrement l'aller-retour entre deux lieux déterminés. Les navettes d'Eurotunnel assurent la correspondance entre le terminal de Folkestone et celui de Calais. (Le mot «shuttle» désigne en vieux anglais une fléchette. C'était aussi, dans le métier à tisser, une pièce de bois pointue aux extrémités renfermant une bobine qui passait entre les fils. En français, cette pièce de bois s'appelait…la navette!)

Pantographe Appareil fixé sur le toit des locomotives qui capte le courant de la caténaire.

Puits d'accès Passages creusés pour donner accès aux tunnels lors de leur construction.

Rame La navette passagers est composée de deux demi-trains (rames) différents: la première rame a 12 wagons à un niveau et la deuxième a 12 wagons à deux niveaux. Les deux rames sont équipées de wagons de chargement/déchargement aux extrémités de chaque rame. La navette fret est composée de deux rames de 14 wagons. Elle est aussi équipée de wagons de chargement/déchargement.

Rameaux de communication d'air (dits de «pistonnement») Conduites qui relient les deux tunnels ferroviaires. Équipées d'obturateurs, elles équilibrent la pression de l'air dans les tunnels ferroviaires. L'air déplacé circule de l'avant à l'arrière du train par le biais de l'autre tunnel.

STTS (Service Tunnel Transportation System) Véhicules utilisés dans la galerie de service conçus pour servir à la fois à l'entretien et aux interventions de secours.

Système d'aération supplémentaire Il permet de pourvoir de l'air frais en cas d'urgence. Il est utilisé seulement lorsqu'il y a des travaux de maintenance ou qu'il y a un problème avec le système d'aération principal. Ses ventilateurs sont réversibles, ils peuvent soit envoyer de l'air frais, soit évacuer la fumée.

Tableau synoptique Tableau visuel au centre de contrôle de Folkestone où l'on peut observer les mouvements des trains dans les tunnels.

TGV (Train à grande vitesse) Train en activité sur le réseau ferroviaire français. Sa vitesse de croisière sur des voies ferrées adaptées est de 300 km/h. Son record de vitesse est de 515 km/h.

Tunnel ferroviaire Il est utilisé par les navettes et les trains directs.

Tunnelier Machine spécialement construite pour forer les tunnels. Onze tunneliers ont été utilisés pour creuser les trois tunnels.

Wagons plats Wagons spécialement conçus pour transporter du matériel.

INDEX